ÉLIE FAURE.

LA

SAGESSE DIVINE

DANS LA LITTÉRATURE DIDACTIQUE

DES HÉBREUX ET DES JUIFS

LA

SAGESSE DIVINE

DANS LA LITTÉRATURE DIDACTIQUE

DES HÉBREUX ET DES JUIFS

LA
SAGESSE DIVINE

DANS LA LITTÉRATURE DIDACTIQUE

DES HÉBREUX ET DES JUIFS

THÈSE

PRÉSENTÉE

A LA FACULTÉ DE THÉOLOGIE PROTESTANTE DE MONTAUBAN

EN JUILLET 1900

PAR

ÉLIE FAURE

Bachelier ès lettres

POUR OBTENIR LE GRADE DE BACHELIER EN THÉOLOGIE

MONTAUBAN

IMPRIMERIE ADMINISTRATIVE ET COMMERCIALE J. GRANIÉ

3, Avenue Gambetta, 3

1900

UNIVERSITÉ DE TOULOUSE

Faculté de Théologie Protestante de Montauban

Professeurs.

MM. C. BRUSTON, ✻, I. ◉, *Doyen*. Exégèse et Critique de l'A. T.

A. WABNITZ, I. ◉......... Exégèse et Critique du N. T.

E. DOUMERGUE, I. ◉........ Histoire ecclésiastique.

F. LEENHARDT, I. ◉....... Philosophie et Sciences.

F. MONTET, A. ◉.......... Grec du N. T. et Patristique.

H. BOIS, A. ◉............ Théologie systématique.

L. MAURY .... Théologie pratique.

A. WESTPHAL............. Cours complémentaire de Théologie biblique.

J. PÉDÉZERT, ✻, I. ◉, professeur honoraire.

J. MONOD, ✻, I. ◉, doyen honoraire.

Examinateurs.

MM. A. WESTPHAL, *Président de la soutenance.*

C. BRUSTON, ✻, I. ◉.

H. BOIS, A. ◉.

F. MONTET, A. ◉.

La Faculté ne prétend ni approuver ni désapprouver les opinions particulières du Candidat.

AVANT-PROPOS

Cette étude est loin d'être un travail complet,
épuisant, par la solution qu'elle présente au sujet
de la sagesse divine, tout le contenu d'un problème
aussi complexe : plus que personne, du reste,
nous nous rendons compte de ses lacunes et de
ses imperfections. Mais, pour traiter autrement
que d'une façon sommaire, et par cela même
superficielle, une question aussi particulière, sur
laquelle les plus grands critiques ont émis les opinions les plus diverses et souvent les plus contraires, il faudrait posséder une connaissance
approfondie de toute la littérature de l'Ancien
Testament et, en tout cas, de la littérature didactique; avoir saisi les modifications profondes de
la poésie lyrique conduisant insensiblement *(na-
tura non fecit saltus)* au seuil de la poésie didactique et faisant passer en elle avec sa langue
quelque chose de son esprit poétique; poursuivre

ensuite dans ses détails intimes son développement dans l'esprit hébreu d'abord, et dans l'esprit juif ensuite. Nos connaissances générales
ne nous ont guère permis autre chose qu'une
esquisse, une ébauche, dirons-nous, que nous
croyons juste et suffisamment précise comme
telle, mais qui n'a pas d'autre prétention, laissant
à des voix plus autorisées et à une science plus
étendue et plus sûre le droit d'apporter ici, sinon
des certitudes, du moins de très grandes proba-
bilités.

INTRODUCTION

LE SUJET

La doctrine de la sagesse peut être envisagée à deux points de vue dans la littérature didactique de l'Ancien Testament, suivant qu'elle se rapporte à Dieu ou à l'homme. Ces deux formes sont parfois si indissolublement unies qu'il est bien difficile de les dissocier et de les attribuer séparément au Créateur ou à la créature, soit qu'elles s'appliquent indifféremment à l'un ou à l'autre par des attributs communs, ou incomplètement à chacun d'eux considéré individuellement.

La sagesse humaine, qui est avec l'autre dans les rapports d'effet à cause, est essentiellement pratique dans ce sens qu'elle est un ensemble de moyens dont l'exécution conduit au bonheur qui est, selon les auteurs didactiques, le mobile même de toute activité ici-bas. Elle constitue une sorte de guide où sont envisagées à peu près toutes les

situations qui pouvaient se présenter dans la vie
d'un Israélite, et où sont aussi données les solutions
propres à chaque cas. A cause même du but qu'elle
se propose d'atteindre, elle bannit toute spéculation en général pour s'en tenir aux affaires cou-
rantes, toutes placées du reste sous la direction
de Iahvé, ce qui lui donne non seulement un
caractère de prudence mondaine pareil à celui
de la modération chez les Grecs, mais encore un
caractère religieux. Elle nous présente avant tout
des maximes dictées par l'observation même des
faits, interprétés naturellement selon les croyances dogmatiques israélites et tirés de l'expérience
d'un chacun, ou dont tout le monde pouvait facilement se convaincre : ce ne sont parfois que de
simples constatations laissées par le poète gnomique à la libre interprétation de tous, et pour
lesquelles il ne donne pas lui-même d'appréciation
religieuse ou de conclusion morale. En résumé
donc, dirons-nous avec M. Bois, la Sagesse (humaine[1]) est, d'une façon générale, la connaissance
et l'emploi des meilleurs moyens pour arriver
au but. Dans la pensée de l'auteur des Proverbes
(et en général de tous les auteurs gnomiques[2]), ce

1. C'est nous qui mettons entre parenthèses.
2. *Ibid.*

but c'est le bonheur. Or, étant données, d'une part, l'idée que les sages Hébreux se font du bonheur, d'autre part, leurs croyances dogmatiques, et leur foi religieuse, ces moyens se résument dans la prudence mondaine sans doute, mais aussi et surtout dans la justice et la piété. La Sagesse revient donc principalement à connaître la justice et la piété et à conformer sa vie à cette connaissance[1] ».

Mais toute la Sagesse n'est pas épuisée par cette notion que nous venons d'esquisser ; c'est évidemment la plus importante dans la pensée des auteurs didactiques, si l'on en juge par les développements auxquels ils l'ont soumise, tellement qu'elle absorbe presque en entier le contenu de toute cette littérature, tandis que l'autre notion, celle de la Sagesse divine, n'y figure, peut-on dire, qu'à titre d'exception, dans les passages en tous cas où elle est nettement caractérisée comme telle. A de rares intervalles, les poètes de la réflexion hébraïque sont sortis des préoccupations ordinaires de la vie pour élever leurs pensées dans le monde des recherches métaphysiques. Après avoir complaisamment traité des applications, ils ont un instant

1. Henri Bois, *La poésie gnomique chez les Hébreux et chez les Grecs*, p. 72. 1886.

(tous ceux que nous connaissons du moins) essayé de rechercher les principes pour revenir bientôt à leur point de départ, comme sur un terrain plus familier au génie de leur race. C'est cette Sagesse divine que nous nous proposons d'étudier dans ce travail, et en particulier les personnifications dont elle a été l'objet.

La sagesse pratique, humaine, a certes un intérêt qu'on ne saurait méconnaître[1]; elle nous montre, en même temps, que la morale du peuple israélite, dans les sept derniers siècles qui ont précédé le christianisme, la conception qu'il se faisait de la vie en général; grâce à elle, nous pénétrons dans l'intimité des devoirs individuels, sociaux et religieux. Ce n'est plus guère le représentant de Iahvé, dépeint par les prophètes et l'ancienne littérature historique, avec sa mission et ses devoirs envers l'humanité, qui nous est ici présenté, mais au contraire un peuple à peu de chose semblable aux autres peuples, ses voisins, dans sa vie laïque, civile, s'il est permis de parler ainsi quand il s'agit des Israélites. Nous sommes loin, bien loin, des rêves brillants des prophètes et de leurs élans sublimes vers la justice parfaite

1. Cf. H. Bois, *op. cit.*, particulièrement le chapitre « De la discipline. »

du royaume idéal; les auteurs didactiques nous ramènent plus près de la terre vers les réalités ordinaires de la vie; çà et là quelques envolées passagères et sans consistance; du lyrisme primitif, l'esprit a presque complètement disparu, remplacé par la réflexion et l'observation des faits; la vie simple des premiers âges a fait place aux complexités toujours croissantes des sociétés qui marchent vers la civilisation.

Mais la doctrine de la Sagesse divine n'offre pas un intérêt moindre et n'est pas d'une moindre importance; elle nous fait pénétrer les secrets des théodicées hébraïque et juive, ce qui n'est certes pas à dédaigner, non seulement au point de vue de la pure curiosité scientifique, mais encore au point de vue plus essentiellement théologique du développement de Dieu en Israël; elle nous permet ensuite d'assister à l'éclosion de la doctrine du Verbe[1], qui jouera un rôle si important dans la

1. Michel Nicolas, *Les doctrines religieuses des Juifs pendant les deux siècles antérieurs à l'ère chrétienne*, p. 229 et suivantes, 1867, où Michel Nicolas montre que la doctrine du Verbe, commune aux Palestiniens et aux Alexandrins, n'a cependant pu prendre naissance que dans la Palestine; elle n'est pas d'origine mazdéenne ou platonicienne, mais se rattache à quelques formes de langage propres aux livres de l'Ancienne Alliance et en particulier à la Sagesse divine.

Chronologie. — Il nous semble utile de donner ici la chronologie théologie judéo-alexandrine avec Philon, et dans la théologie chrétienne avec l'auteur du quatrième évangile. C'est plus qu'il en faut, nous semble-t-il, pour justifier et légitimer le choix de cette étude.

que nous avons adoptée et qui est celle qu'on admet généralement :

Le poème de Job sera ainsi placé au VIIIe siècle;

Les Proverbes (ch. 1 à ix) sont évidemment postérieurs, puisqu'on retrouve en eux des imitations du poème de Job; nous les placerons vers la première moitié du VIIe siècle;

L'Ecclésiastique fut composé dans la première moitié du IIIe siècle avant Jésus-Christ et traduit vers la fin du IIe siècle;

La Sagesse de Salomon, œuvre d'un Juif alexandrin, fut composée sans doute sous Ptolémée VII, Phiscon, qui régnait en 445 avant Jésus-Christ.

Faisons remarquer qu'avec cette chronologie coïncide parfaitement le développement lui-même de la sagesse. A mesure que nous passerons d'un document à l'autre, il nous sera facile de constater un progrès très accentué.

ORIGINE DE LA SAGESSE

Comment a pris naissance chez les Hébreux cette doctrine ? Elle ne fait pas en effet partie intégrante de leur théologie primitive, puisque nous la rencontrons pour la première fois chez les auteurs gnomiques, évidemment postérieurs aux auteurs lyriques en vertu du développement général de ces deux genres observé chez tous les peuples. Il entre, en effet, dans l'ordre naturel des choses que « les émotions de la sensibilité précèdent les raisonnements de l'intelligence, que le cri de joie ou de douleur retentisse avant le discours ou l'enseignement[1] ».

Nous ne possédons pas de documents lyriques nous parlant de la Sagesse divine; celle-ci n'apparaîtra que plus tard sous l'influence grandissante de la raison et à mesure que la vie toute spontanée des premiers siècles de l'histoire d'Is-

______

1. H. Bois, *op. cit.*, p. 10.

raël aura fait place à la réflexion et à l'observation.
Ce n'est qu'à partir de ce moment que nous la
voyons naître, se développer sous forme de spécu-
culation métaphysique.

Avant d'en arriver à la formuler en termes quelque peu précis, il nous paraît que le poëte hébreu a
dû d'abord étudier, analyser sa propre sagesse;
autrement dit, qu'il est parti de lui-même avant
de parvenir jusqu'à Dieu; toutes les anthropopa-
thies et tous les anthropomorphismes, si fréquents
dans la littérature hébraïque, en sont une preuve
suffisante et ne sauraient avoir d'autre genèse. Il
est probable que la première idée, sinon la première ébauche, remonte à la naissance même de
la poésie gnomique, alors que sous le règne flo-
rissant de Salomon la réflexion put se développer
à l'ombre de la paix et faire place aux élans inspirés du lyrisme. Le poëte gnomique dut découvrir
en lui, grâce à une étude psychologique moins
rudimentaire que celle dont s'étaient contenté ses
ancêtres, un ensemble de qualités dont il désigna
la réunion par le nom de חכמה. A cause des applications fautives qu'il en faisait, provoquées par son
ignorance, ou mieux encore par sa faiblesse, il en
arriva, par un procédé bien naturel et facile à
comprendre, à induire une Sagesse divine, ab-
solue, dépouillée de ses causes d'erreur et d'igno-

rance, parfaite dans sa forme comme dans son contenu, dans ses éléments constitutifs comme dans ses applications particulières. Mais ce passage d'une Sagesse à l'autre est difficile à saisir, les seules hypothèses ont quelque chance de présenter une solution, car les documents font défaut pour apporter ici des certitudes, et celle que nous venons d'émettre sur la genèse de la Sagesse divine nous paraît offrir le plus de vraisemblance, parce qu'elle est conforme aux données de l'expérience historique et à celles de la psychologie. C'est la première qu'examine M. H. Bois (car il en donne trois) dans son ouvrage sur la *Poésie gnomique des Hébreux et des Grecs* (voir p. 74).

La seconde, à savoir que la Sagesse étant quelque chose d'essentiellement bon, ne peut venir que d'un être bon, Dieu (l'homme, parce qu'il est mauvais, ne tire de lui-même que de mauvaises choses), nous paraît se heurter à cette croyance foncièrement hébraïque que l'homme n'est pas mauvais, surtout l'israélite, fils d'Abraham, mais possède en face du bien et du mal la liberté la plus complète : la thèse de la corruption totale et même partielle de l'homme, conséquence d'une chute originelle, ne viendra que beaucoup plus tard[1], et

---

1. Michel Nicolas, *op. cit.,* p. 397.

en concédant même que les Israélites aient admis à un moment quelconque de leur histoire la corruption générale de l'humanité, ils ne croyaient certainement pas, en tous cas, à celle du peuple élu et par conséquent à la leur propre; ils avaient le sentiment de la faiblesse physique et intellectuelle plus développé que celui de la faiblesse morale. Iahvé est sans doute le Dieu saint, mais il est surtout le Dieu fort et jaloux. Au reste cette deuxième hypothèse ne diffère pas essentiellement de la première; il s'agit toujours en somme d'une induction de l'homme à Dieu, les résultats sont identiques, le point de départ est différent.

Quant à la troisième hypothèse de M. H. Bois, à savoir que la Sagesse divine a pu être envisagée comme l'ensemble, la somme des sagesses humaines, et ayant pour base essentielle le pluriel חכמות, khokmoth[1], que l'on rencontre quelquefois, elle nous paraît moins acceptable que la première, parce qu'elle soulève des difficultés exégétiques insurmontables. C'est ainsi que des critiques tels que Hitzig et Gesenius[2] ont considéré cette forme

---

1. Prov. xxiv, 7; i, 20; ix, 4, etc.

2. Il est vrai (H. Bois, *op. cit.*, p. 76, note 1) que plusieurs exégètes veulent voir un singulier dans ce mot au sujet duquel on lit dans Gesenius (p. 473) : « Cujus numeri sit hoc vocabulum, jam vigente lingua dubitasse videntur, copulatur enim cum sing. (Prov. ix, 1);

du pluriel comme un singulier; Khokmoth serait
donc l'équivalent de khokma. En présence donc
d'interprétations aussi contraires, il nous semble
beaucoup plus sage de nous en tenir à notre première explication; si elle n'a pas pour elle l'attrait
de l'originalité, elle a celui de la vraisemblance;
on ne peut guère exiger plus d'une simple hypothèse.

Telle est donc pour nous l'origine de la Sagesse
divine, une induction naturelle de l'homme à
Dieu; mais ce résultat ne nous semble pas avoir
été l'œuvre des auteurs gnomiques dont nous
possédons aujourd'hui les travaux, car ces derniers nous présentent déjà cette doctrine fortement établie[1], et telle qu'elle ne sortirait pas
immédiatement d'une simple induction; elle est
définie en quelque mesure, reçue par tous comme
une chose connue, passée pour ainsi dire à l'état
de dogme, ce qui suppose une préparation relativement longue. Aussi bien nous croyons que nos
auteurs didactiques n'ont pas dû revenir sur le
chemin déjà parcouru, et qu'ils ont tout simple-

cum plur. (xxiv, 7 et i, 20). » Gesenius lui-même, séduit par Hitzig,
penche pour le singulier : « Revera singulare esse videtur i. q. khok-
mouth. » Mais tous les critiques ne se rangent pas à l'opinion d'Hitzig
et de Gesenius.

1. Cf., par exemple, Joh. iv, 12, 6; xii, 13; xxxviii, 36.

ment considéré la Sagesse comme une chose désormais acquise à leur théodicée. Pour édifier leurs spéculations, ils semblent partir non plus de l'expérience psychologique, mais d'un *a priori* métaphysique; ils ne vont plus de l'homme à Dieu, mais de Dieu à l'homme. La Sagesse n'est plus attribuée à Iahvé par induction naturelle, mais ils partent d'un Iahvé sage possédant en lui-même une Sagesse, source et cause de la sagesse humaine. Au reste, quoi de plus conforme à la conception qu'ils se faisaient de Dieu, de l'homme et du monde. En effet, si l'on songe que les « Hébreux concevaient toutes les forces physiques et morales de l'homme comme un effet du souffle de Dieu », quoi d'étonnant que la sagesse humaine ait été envisagée comme produite par le souffle tout-puissant, de Iahvé. C'est bien en obéissant à cet ordre d'idées que l'auteur du livre de Job s'est écrié :

Mais la sagesse est un esprit mis dans l'homme,
C'est le souffle du Très-Haut qui rend intelligent
   (XXXII, 18.)

Est-ce à dire par là, sans vouloir entrer dans les détails, que pour recevoir la Sagesse l'homme doive abandonner sa liberté native, si toutefois elle lui a été donnée, et jouer, par conséquent, un rôle absolument passif? Il ne nous paraît pas; ajoutons de plus que les auteurs didactiques ne sont guère préoccupés par les solutions de pareils problèmes; ils juxtaposent avec candeur les assertions les plus opposées, et n'ont pas même souci d'échapper aux contradictions. On doit dire cependant que d'une façon générale le but même de leurs ouvrages suppose et implique nécessairement la liberté. Qu'est-ce, en effet, que tous ces moyens qu'il faut accomplir pour arriver au bonheur, si nous sommes régis par un déterminisme rigoureux?

Il faut donc pour recevoir la Sagesse un certain état d'esprit, un désir de la posséder. C'est, du reste, dans le même ordre d'idées et en obéissant à des préoccupations qui ne diffèrent pas essentiellement de celles dont il est ici question, que saint Paul dira : « C'est Dieu qui produit en nous le vouloir et le faire » (Philip. ii, 12-13). Étant donné un certain état intérieur, la Sagesse est accordée à l'homme; il peut la développer, la faire grandir, mais le germe premier est ailleurs, il est en Dieu, et c'est son *rouach* qui l'a produit. La sagesse humaine n'est dans son principe qu'une émanation de l'autre. Comment plus tard une scission se produisit-elle parmi les attributs de Dieu? Et comment la Sagesse fut-elle considérée indépendante des autres attributs? Comment enfin sous l'influence de la philosophie grecque devint-elle une hypostase divine? Autant de questions auxquelles il nous sera donné de répondre d'une façon générale dans le cours de ce travail, tout en étudiant plus spécialement la dernière.

I

LA SAGESSE DANS LA LITTÉRATURE DIDACTIQUE
DES HÉBREUX

Tous les documents hébraïques, dirons-nous
d'abord, ne dépassent pas la personnification poétique. De Job au Siracide, il y a loin sans doute,
et la marche vers l'hypostase est nettement marquée ; mais il faudra abandonner le sol palestinien, si peu favorable en somme au développement des spéculations métaphysiques, et pénétrer
sur la terre alexandrine pour voir ce dernier progrès s'accomplir. Pareille à un bloc de marbre à
peine dégrossi et qui devient par le travail du
sculpteur une statue aux lignes précises et har-
monieuses, prenant à chaque coup de ciseau un
peu de la pensée de son auteur, ainsi la doctrine
de la Sagesse divine, à peine ébauchée dans le
poème de Job, revêtira sa forme définitive et parfaite dans la pensée de Pseudo-Salomon. Nous

allons donc l'examiner dans les trois ouvrages de
la littérature didactique des Hébreux qui nous ont
été conservés ; nous avons nommé les livres de
Job, des Proverbes et de la Sapience de Jésus,
fils de Sirak.

Job.

Dans le poème de Job, la doctrine de la Sagesse
divine n'est encore qu'indécise, tellement que
dans le passage où elle se trouve le plus clairement formulée (XXVIII, 12, 28) on a pu contester
que ce fut vraiment elle qui fut mise en scène, à
cause sans doute de sa juxtaposition immédiate
avec la sagesse humaine. C'est ainsi qu'on s'est
demandé s'il fallait dans son ensemble l'attribuer
à Dieu ou à l'homme. Voici ce texte ; il est seul
du reste qui ait quelque importance :

Mais la Sagesse où la trouver ?
Où est la demeure de l'intelligence ?
L'homme n'en connaît pas « le prix[1] ».
Elle ne se trouve pas dans la terre des vivants.
L'abîme dit : elle n'est point en moi ;
Et la mer dit : elle n'est point avec moi.
Elle n'est pas donnée contre de l'or pur,

---

1. ערך, apparatus, ordo, cf. Job XLI, 4, par ext. pretium.

Elle ne s'achète[1] pas au poids de l'argent;
Elle n'est pas comparée[2] à l'or d'ophir,
Ni à l'onyx précieux ou au saphir;
L'or ni le verre ne la valent[3] pas,
Elle ne peut s'échanger contre un vase « d'or » pur.
Le corail et le cristal[4] ne peuvent être mis sur le même
    rang.
La sagesse vaut[5] plus que des perles.
La topaze d'Éthiopie n'est point son égale,
Et l'or pur n'entre pas en balance avec elle.
D'où vient donc la sagesse ?
Où est le lieu de l'intelligence ?
Elle est cachée aux yeux de tout vivant,
Elle est cachée aux oiseaux du ciel;
Le gouffre et la mort disent :
Nous en avons entendu parler[6].
C'est Dieu qui en discerne le chemin
Et qui connaît sa demeure.
Parce que lui-même regarde jusqu'aux extrémités
    de la terre,
Et il voit tout sous les cieux.
En faisant au vent son poids
Et en fixant la mesure des eaux;
En donnant des lois à la pluie
Et un chemin aux éclairs et aux tonnerres,

1. ישקל, appendere, elle n'est pas pesée.

2. תסלה de סלה, suspendere, ici, non appenditur pro auro, or-
phiritico.

3. יערכנה de ערך, in ordinem disponen, comparare.

4. גביש, glacies, cristallus. Ne se rencontre pas ailleurs. Cf. Gé-
senius.

5. משק, possessio, attractio.

6. Littéral. Nous avons entendu dans nos oreilles sa renommée,
ע מ ש.

Alors il la vit et la manifesta[1],
Il l'affermit et la scruta,
Puis il dit à l'homme :
Voici la crainte du Seigneur, c'est la Sagesse,
S'éloigner du mal, c'est l'intelligence.

De quelle Sagesse est-il ici question ? De la Sagesse divine, dira-t-on, si l'on s'en tient à la première impression, sans tenir compte des deux derniers vers qui semblent former néanmoins la conclusion de tout ce morceau. En effet, « l'homme n'en connaît point le prix... elle est cachée aux yeux de tout vivant... c'est Dieu qui en connaît le chemin... c'est lui qui en sait la demeure. » D'autre part, comme ils sont étranges et inattendus, ces trois vers que Iahvé adresse à l'homme : « craindre le Seigneur et s'abstenir du mal » ! On comprend aisément qu'en présence d'un tel manque de transition logique ou d'unité, et malgré tout ce qui précède ne présentant néanmoins pour ce qui le concerne aucune ambiguïté, le critique Hofmann[2] ait pu conclure que l'auteur de Job n'avait pas en vue la Sagesse divine.

Sans solliciter nullement les textes, nous croyons pouvoir affirmer que les deux Sagesses

1. ויספרה, il la raconta, il écrivit.
2. *Der Schriftbeweis*, p. 60.

sont considérées ici dans les rapports de cause à effet. Job, après avoir montré dans toute sa magnificence la Sagesse divine, se demande quelle est aussi la sagesse humaine : il a fait la part du Créateur, il va faire celle de la créature ; pareille question, du reste, ne devrait certes pas le laisser indifférent, surtout dans la situation morale où il se trouvait ; juste et néanmoins malheureux, abandonné, semble-t-il, de Iahvé lui-même, accablé sous les reproches injustes de ses amis, il n'en persiste pas moins dans la force de son âme et la conscience de son bon droit à dire que « la Sagesse c'est la crainte du Seigneur », car c'est de lui qu'elle procède[1]. « La part qui revient à Dieu, c'est la Sagesse métaphysique ; la part qui revient à l'homme, c'est la sagesse religieuse et morale[2] », et pour ce cas particulier, la soumission confiante en face de l'incompréhensibilité des dispensations divines.

Cette sagesse de Dieu est-elle distincte de sa personne ? Non, elle fait partie de son essence ; son rôle est parfaitement décrit, mais sa personnification n'est encore qu'à l'état d'ébauche. Dieu, à la vérité, n'en a pris conscience que par la créa-

1. Cf. xxxviii, 36 ; xxxix, 20.
2. Reuss, *Job*, p. 97, note 4. 1878.

tion, mais cette connaissance n'implique pas nécessairement, comme quelques exégètes l'ont cru,
quelque chose d'objectif. « Comment se fait-il
donc, peut-on dès lors se demander, que la Sagesse n'existe qu'au moment de la création ? Dieu
n'est-il pas éternellement sage ? Y a-t-il donc
en lui une perfection qu'il n'ait possédée qu'à
un moment donné et dont par suite il ait été
privé quelque temps ? Pour disculper les sages
Hébreux, nous ne nous bornerons pas à répondre
que nous n'avons pas affaire à des philosophes.
Sans être des métaphysiciens, les gnomiques hébreux sont pourtant plus logiques que ne le sup-
poseraient cet étonnement et ces objections. La
Sagesse divine, d'après leur définition, n'est pas
une perfection de Dieu ; c'est l'application des facultés intellectuelles et actives de Dieu à un but;
tant que ce but n'existe pas, il est clair que l'application ne peut pas davantage exister[1]. »

Dieu a donc eu connaissance de sa Sagesse
lorsqu'il créa[2], mais cette sagesse n'est pas exté-
rieure à lui, elle est un attribut inhérent à sa nature même, et fait partie des éléments constitutifs de son être. Le verset 23 n'est pas un argument

1. H. Bois, *op. cit.*, p. 81.
2. Cf. Genèse i, 10. Dieu vit que cela était bon.

en faveur de l'hypostase et même de la personnification, car on peut dire que le chemin qui a conduit Dieu à prendre conscience de sa Sagesse,
c'est la création, et ne voir ici qu'une image poétique en ajoutant que la demeure de la Sagesse
n'est autre chose aussi que la perfection, à peine
soupçonnée par l'homme, mise par Dieu dans ses
œuvres.

Nous dirons donc en terminant cet exposé que
le livre de Job connaît et parle de la Sagesse divine comme d'une chose déjà acceptée par ses
contemporains, mais que cette Sagesse est simplement une figure, une image pour désigner la
puissance ordonnatrice et régulatrice de Dieu se
manifestant dans ses œuvres, quelque chose d'ana-
logue à la *pronœa*[1] grecque dans la littérature
judéo-alexandrine et plus tard à la Providence
chrétienne.

Les Proverbes.

L'introduction du recueil des Proverbes, com-
prenant les huit premiers chapitres, les seuls qui
nous fournissent sur la Sagesse quelques don-

---

1. Voir, par exemple, Sapience de Salomon xiv, 3; xvii, 2.

nées, marque un progrès sensible sur le livre de
Job. Au chapitre VIII, nous sommes incontesta-
blement en présence d'une personnification de la
Sagesse divine :

Iahvé m'a créé[1] la première de ses[2] œuvres,
Avant ses œuvres, antérieurement,
Dès le commencement je fus ointe[3],
Au début, avant l'origine de la terre;
Je fus formée avant les abîmes,
Avant les sources chargées d'eau,
Avant que les montagnes ne fussent rendues stables,
Avant que les collines n'existassent, je fus enfantée.
Il n'avait pas encore fait ni la terre ni les campagnes
Ni le premier atome de la poussière du monde[4].
Quand il disposa le ciel, j'étais là ;
Quand il traça un cercle sur la face de l'abîme,
Lorsqu'il fixa les nuages en haut,
Quand il fit couler avec force les sources de l'abîme,
Lorsqu'il fixa à la mer ses limites
Pour que les eaux n'en franchissent point les bords[5];
Quand il posa les fondements de la terre,
J'étais à ses côtés, travaillant[6] (arrangeant),
Faisant tous les jours ses délices;
Me jouant devant lui continuellement,
Jouant sur le disque de sa terre
Et trouvant mes délices parmi les fils des hommes.

1. קנני de קָנָה, m'a possédé, m'a créé. Gesenius.
2. Littéralement : « commencement de sa voie ».
3. נסכתי, unctus est (Prov. VIII, 23). Gesenius.
4. וראש עפרות תבל, prima gleba orbis terrarum.
5. פין, mot à mot sa bouche, os suum, par ext. littus.
6. אמון, opifex, architectus, ouvrière ordonnatrice.

Le rôle essentiel de la Sagesse n'est plus seulement d'assister en ordonnatrice à la création du monde, mais d'y prendre une part active comme conseillère. Dans Job, c'est la création qui fait se manifester à Dieu la Sagesse : « Alors il vit la Sagesse et la manifesta », elle est sinon postérieure à la création, en tous cas simultanée; avec les Proverbes, au contraire, elle est la première des œuvres de Dieu, et ce qui ressort sans aucun doute du passage que nous avons traduit, c'est sa préexistence d'un côté et la part d'activité personnelle qu'elle prend à la création de l'autre. — Que ce soit la Sagesse divine que l'auteur des Proverbes ait voulu mettre en scène ici, cela ne fait aucun doute, il suffit, pour s'en convaincre, d'une simple lecture. Mais¹, dépasse-t-il la fiction poétique? Il n'y a pas apparence, dit M. Couve, surtout si l'on rapproche de ce passage des versets du même recueil, tels que I, 20 et VII, 4 :

> La Sagesse crie dans les rues,
> Elle élève sa voix dans les places,
> Elle crie à l'entrée des lieux bruyants, etc.
> Et : Dis à la Sagesse : tu es ma sœur
> Et appelle l'intelligence ton amie.

1. Cf. B. Couve, *Les origines de la doctrine du Verbe*, p. 42. 1868.

où la Sagesse n'est certainement pas une personne. En effet, dirons-nous, mais est-ce de la
Sagesse divine qu'il est ici question ? et ne pourrait-on penser que ce passage, I, 20, fait plutôt
allusion aux vieillards, représentant à son plus
haut point la sagesse hébraïque, qui se tiennent
aux portes des villes, donnant des conseils et rerdant la justice; quant au second passage invoqué,
il marque tout simplement l'état d'esprit dans lequel on doit rechercher la sagesse et les rapports
tout moraux qu'elle implique. Cette dernière opinion paraît d'autant plus acceptable que le contexte n'est pas pour fournir des objections si l'on
songe à la description de la courtisane étrangère,
venant, par une opposition d'une singulière énergie, mettre en relief les maximes morales du sage
Hébreu. Il est donc ici question de la sagesse humaine.

Nous ne croyons pas néanmoins que le poète
gnomique ait voulu désigner une hypostase, une
personne distincte de Dieu; il est plus préoccupé
par la poésie que par les spéculations philosophiques[1], puisque à côté de la personnification de la
Sagesse, il place celle de la folie. Il faut sans
doute insister sur la différence qui existe entre

---

1. H. Bois, *op. cit.*, p. 88.

la personnification de la Sagesse divine et celle de la folie. « Il est bon de faire observer que cette dernière[1] est appelée une femme, tandis que la Sagesse est antérieure à toute création, quoiqu'elle soit elle-même une création. »

Il n'en demeure pas moins que cette sagesse qui « se joue sans cesse devant Iahvé... qui joue sur le disque de sa terre et trouve ses délices parmi les fils des hommes », tient plus de la prosopopée que d'une réalité, conçue objective dans l'esprit de l'auteur : on ne peut de plus essayer de penser qu'il s'agisse ici de la sagesse humaine. Nous concluons donc, comme pour Job, que nous ne dépassons pas la fiction poétique, tout en constatant un progrès très appréciable par l'addition de nouveaux attributs ou de nouvelles fonctions, agrandissant de plus en plus par des différences spécifiques la distance qui sépare les deux sagesses.

L'Ecclésiastique.

Avec les livres apocryphes, car l'Ecclésiaste ne doit pas nous arrêter dans cette étude, puisqu'il n'envisage de la Sagesse que le côté humain, nous

1. Cité de Couve, *op. cit.*, p. 41.

faisons un pas de plus vers la personnification complète ; le progrès est lent, souvent difficile à constater, mais continu cependant. L'Ecclésiastique, ou plus exactement la Sapience de Jésus, fils de Sirac, nous présente encore la pensée hébraïque sans aucune infiltration étrangère[1]. « La science et la philosphie, telle que la Grèce les cultivait avec tant d'éclat, sont étrangères à Jésus, fils de Sirac. La science du *sofer* hébreu, uniquement versé dans ses vieilles écritures, lui paraît suffire à tout[2]. » Parce que, à l'époque où il fut sans doute composé (première moitié du IIIe siècle avant Jésus-Christ, sous la domination des Séleucides), la littérature judéo-alexandrine, encore que n'ayant pas atteint son plein épanouissement, était néanmoins arrivée à un grand développement, on a voulu y voir des traces d'alexandrinisme[3]. Non, l'Ecclésiastique est un pur produit de l'hébraïsme, c'est le dernier monument de la littérature hébraïque, comme la Sapience de Salomon sera le premier de la littérature judéo-alexandrine[4].

L'idée de la Sagesse humaine est parfaitement

1. Cf. Bruch, *Weisheitslehre der Hebræer*, p. 280.
2. Renan, *Histoire du peuple d'Israël*, t. IV, p. 285.
3. Dæhne, *op. cit.*, p. 130.
4. Bruston, cours inédit.

conforme au génie hébraïque, telle du moins que nous la présente l'Ecclésiastique, mais les temps ont bien changé depuis Job et les Proverbes ; la société juive, plus vieille de 400 ans, a subi les maux de la guerre et le joug des vainqueurs ; l'expérience des vaincus a produit ses fruits, aussi notre livre est-il « le code d'une bourgeoisie honnête, ayant au plus haut degré le sens pratique de la vie nullement égarée par des chimères surnaturelles. La sagesse consiste à craindre Dieu et à observer sa loi. Celui qui ne croit pas à Dieu est un fou ; car la justice de Dieu se révèle chaque jour par des faits patents, qui ne peuvent laisser aucun doute à un esprit attentif[1]. » « Le triomphe de Jésus, fils de Sirac, dit encore plus loin M. Renan, c'est la morale bourgeoise, la sagesse à la façon de Franklin, et c'est par là que ce livre médiocre a eu dans le monde vingt fois plus d'action que les livres qui lui sont supérieurs[2]. » Les idées nouvelles qu'il nous présente, car il y a certainement chez lui quelque chose de nouveau[3], sont moins dues à des emprunts étrangers qu'aux modifications profondes qui se sont produites au sein du peuple israélite.

1. Renan, *op. cit.*, t. IV, p. 283.
2. *Id.*, p. 288.
3. Michel Nicolas, *op. cit.*, p. 53.

C'est pourtant dans ce livre essentiellement pratique, dans « ce code d'une bourgeoisie honnête » que nous allons trouver la plus haute expression de la Sagesse divine, sa personnification la plus achevée; le génie hébreu n'ira pas plus loin et devra laisser à la philosophie judéo-alexandrine le soin de compléter l'œuvre commencée déjà depuis des siècles. La sagesse humaine n'a pas absorbé à elle seule toute la pensée du fils de Sirak; certes l'inspiration puissante de Job et des Proverbes ne l'anime pas, on sent un ouvrage de transition[1], préccupé de questions usuelles; la simplicité primitive de la vie, telle que nous la dépeignent Job et les Proverbes, a disparu pour faire place aux exigences d'une civilisation plus avancée. Malgré tout, la spéculation n'en est pas bannie, et à côté des conseils pratiques d'une morale pure, mais peu élevée, nous trouvons un magnifique développement sur la Sagesse divine. Au chapitre xiv et déjà au chapitre i, verset 1-4, nous voyons que toute sagesse vient de Dieu :

Πᾶσα σοφία παρὰ κυρίου,
καὶ μετ' αὐτοῦ ἐστιν εἰς τὸν αἰῶνα.

1. Michel Nicolas, *op. cit.*, p. 52.

ἄμμον θαλασσῶν καὶ σταγόνας ὑετοῦ,
καὶ ἡμέρας αἰῶνος τίς ἐξαριθμήσει[1].

« Toute Sagesse vient de Dieu et (est) avec lui
pour l'éternité; qui a compté le sable de la mer,
les gouttes de la pluie et les jours de la durée du
monde ? » Et au verset 4 nous lisons ces mots bien
caractéristiques pour indiquer le cercle d'idées où
se meut notre auteur :

προτέρα πάντων ἔκτισται σοφία[2],
καὶ σύνεσις φρονήσεως ἐξ αἰῶνος.

« La sagesse a été créée avant toutes choses, et
l'intelligence de la connaissance (est) de toute
éternité ». De même encore au verset 7[3] :

αὐτὸς ἔκτισεν αὐτήν,
καὶ εἶδε καὶ ἐξηρίθμησεν αὐτήν,
καὶ ἐξέχεεν αὐτὴν ἐπὶ πάντα τὰ ἔργα αὐτοῦ.

« C'est le Seigneur qui l'a créée, qui l'a vue et qui l'a
comptée et qui l'a répandue sur toutes ses œuvres ».
Nous avons ici, malgré la sobriété des termes et
le peu de développement de la pensée, quelque

1. Nous citerons d'après l'édition critique de Otto Fridolinus
Fritzsche. 1871.
2. Cf. Prov. viii, 22.
3. 9ᵉ de la traduction des Septante.

chose de plus que dans les Proverbes à cause
même de la forme qui semble tenir plus du langage philosophique que de la poésie, où par conséquent la raison joue un rôle prépondérant au détri-
ment de l'imagination. Malgré tout, et parce qu'il
est dangereux de s'appuyer exclusivement sur des
textes isolés ne présentant par conséquent pas
suffisamment de cohésion logique pour étayer une
doctrine, nous ne les tiendrons pas comme con-
cluants, surtout en considérant, comme le fait remarquer M. B. Couve[1], que, quelques versets plus
loin, la Sagesse n'est plus qu'une *perfection de Dieu*
ou *une vertu de l'homme*. Nous arrivons donc en
hâte au chapitre xxiv, le plus important pour notre
sujet : c'est la Sagesse qui loue son âme (ψυχήν)
au milieu de son peuple dans l'assemblée du Très-
Haut et se glorifie devant sa puissance :

Je suis sortie de la bouche du Très-Haut,
Et comme une vapeur j'ai couvert la terre,
J'ai habité dans les lieux très-hauts (ἐν ὑψηλοῖς)
Et mon trône est dans une colonne de nuée[2].
J'ai fait seule tout le tour du ciel (γῦρον οὐρανοῦ),
J'ai marché dans les profondeurs de l'abîme,
Sur les vagues de la mer, sur la terre tout entière.

1. *Op. cit.*, p. 45.

2. Allusion à la colonne de nuée qui conduisait les Israélites dans
le désert (Ex. xiii, 21 et 22).

Sur tous les peuples et sur toutes les nations j'ai
    exercé mon pouvoir (ἐκτησάμην),
Parmi toutes ces choses[1], j'ai cherché un lieu de repos
Et (j'ai cherché) l'héritage de qui j'habitais.
Alors le Créateur de toutes choses m'a fait connaître
    sa volonté, ἐνετείλατό.
Et celui qui m'a créé a fait reposer ma tente[2],
Et m'a dit : en Jacob demeure,
Et en Israël place ton héritage[3].
Il m'a créée avant les siècles[4], dès le commencement,
Et dans la suite de tous les âges je ne l'abandon-
    nerai pas.
Dans la maison sainte, devant lui, j'ai exercé mon
    ministère,
J'ai été ainsi affermie dans Sion;
J'ai trouvé mon repos dans la cité sainte,
Et ma puissance est établie dans Jérusalem.
J'ai pris racine dans le peuple honoré (de Dieu),
Dans la part (μερίδι) du Seigneur qui est son héritage.
Je me suis élevée comme le cèdre du Liban,
Comme le cyprès de la montagne d'Hermon[5],
Je m'élevai comme le palmier sur le rivage[6],
Comme les plants des rosiers de Jéricho.
Comme un bel olivier dans la campagne,
Comme un platane je me suis élevée;

---

1. M. Couve, *op. cit.*, p. 45, traduit : Dans tous ces lieux, j'ai
cherché un repos : μετὰ τούτων πάντων paraît se rapporter à ce qui
précède.

2. M'a assigné un lieu d'habitation, comme le prouve la suite.

3. Cette idée du monopole de la Sagesse par les Israélites ne se
comprendrait guère chez un auteur pénétré de philosophie grecque.

4. Cf. Prov. viii, 22.

5. La Vulgate y substitue le nom de Sion.

6. La Vulgate, au lieu de rivage, donne Cadès, ville de l'Arabie
Pétrée.

J'ai répandu un parfum de cinname et d'aspalathe,
Et une odeur agréable comme celle de la myrrhe la
   plus excellente,
Comme le galbanum, l'onyx et la stacté,
Comme la fumée de l'encens dans le tabernacle.

Puis toujours avec autant de poésie, peut-être
un peu recherchée, mais tranchant d'une façon
bien marquée avec le style habituel de l'ouvrage,
la Sagesse se compare encore au térébinthe, à la
vigne, et adresse aux hommes une invitation à
venir à elle. On le voit, l'auteur qui s'en était tenu
à peu près complètement à des conseils de prudence et de modération, rasant de bien près le sol,
dans le terre à terre de sa pensée, oublie pour un
moment son point de vue pratique pour s'envoler
plus haut dans le domaine de la spéculation philosophique.

Il est incontestable que le tableau de la Sagesse
tracé ci-dessus est une imitation des Proverbes;
nous avons seulement mis en notes quelques
analogies; il serait facile de les multiplier, d'en
trouver de nouvelles, non seulement comme
pensée, mais souvent comme expression. Cependant la copie apporte un attribut nouveau que ne
contenait pas l'original[1]; nous avons vu les Pro-

1. Cf. Michel Nicolas, *op. cit.*, p. 55.

verbes en progrès sur le poème de Job, ainsi nous
pouvons faire la même constatation pour l'Ecclésiastique : ce n'est plus seulement la préexistence de la Sagesse qui est mise en évidence, ni
son rôle d'organisatrice, tout ceci a été déjà dit
par les Proverbes, aussi la part active qu'elle a
prise à la production (אמון) de l'Univers, mais elle
crée elle-même les choses, elle est créatrice.
« Elle ne se joue plus seulement devant lui, elle
agit, elle va des abîmes aux cieux et ne cesse son
activité créatrice que pour trouver son repos et
s'établir en Israël[1]. »

Nous n'avons plus besoin de nous demander,
comme pour le livre de Job, s'il s'agit ici de la
Sagesse divine. Qui donc oserait en douter devant
des textes aussi évidents que ceux qu'il nous a
été donné d'envisager, et, en particulier, les vingt
premiers versets du chapitre xxiv? « Faut-il donc
voir dans les paroles de Jésus, fils de Sirac, une
prosopopée poétique? Ou bien regarde-t-il la Sagesse comme une hypostase, comme une première émanation de la divinité, comme un Dieu
second, ainsi que s'exprime Philon? Il est difficile
de se prononcer; les critiques sont loin de s'en-
tendre. Mais c'est un fait certain que la person-

_____

1. B. Couve, *op. cit.*, p. 46.

nification de la Sagesse est plus hardie, plus fortement dessinée dans l'Ecclésiastique que dans les Proverbes[1] ». De telles paroles sont bien faites pour nous conseiller la prudence; en présence d'une telle réserve chez un homme aussi autorisé que l'était Michel Nicolas, il n'est guère permis d'émettre autre chose qu'une simple opinion n'ayant de valeur que celle qu'on peut accorder à toute recherche impartiale de la vérité. Nous croyons donc que l'Ecclésiastique atteint ici la dernière étape de la personnification de la Sagesse divine. Qu'on songe encore à la description qu'il vient de nous en présenter, aux attributs et aux fonctions qui lui sont propres; elle est créatrice, c'est-à-dire qu'elle joue le rôle essentiel, spécifique, conféré à Dieu par la conscience et la raison humaine en général, et surtout par la conscience et la raison hébraïque en particulier. Le Siracide, si l'on prend à la lettre sa cosmogonie, croit que Dieu a créé la Sagesse tout d'abord, πρὸ τόυ αἰῶνος ἀπ'αρχῆς ἔκτισε με, et que la Sagesse a créé le monde (Ecclés. xxiv, 5, 7). D'où il suit que :

a) Ou bien la Sagesse est une hypostase, un Dieu second, distinct de Iahvé, ce qui nous paraît peu acceptable, étant donnés d'abord les idées

1 Michel Nicolas, *op. cit.*, p. 55.

essentiellement monothéistes des Hébreux n'admettant certainement pas qu'on pût partager avec un demiurge quelconque, si grand fût-il, la gloire, la puissance et l'activité de Iahvé, et, ensuite, certains textes tels que XVI, 1 : « Le Seigneur a créé l'homme de terre et l'y fait retourner, etc. », nous dénonçant l'activité créatrice de Dieu, et cet autre, encore plus explicite, chapitre XVIII, 1 : « L'Éternel a créé toutes choses à la fois;

b) Ou bien la Sagesse est un attribut de Dieu, personnifié, l'attribut par excellence qui attire à lui et s'assimile tous les autres, éclipsant, si l'on peut ainsi parler, par son excellence même toutes les facultés de Dieu, et prenant une place de plus en plus importante au point de devenir un nouvel aspect de la divinité et d'être nommé indifféremment à sa place.

Nous concluons donc en disant que le Siracide ne dépasse point la personnification poétique, tout comme ses prédécesseurs; qu'il nous fournit néanmoins une description plus hardie, plus précise, plus développée aussi, et par conséquent pouvant donner plus facilement lieu à une interprétation littérale, ce qui explique la faveur dont elle a joui chez les partisans de la Sagesse déjà hypostase dans la littérature hébraïque.

II

LA SAGESSE DANS LA LITTÉRATURE DIDACTIQUE
DES JUIFS

Nous quittons maintenant la littérature de tradition et l'esprit purement hébraïques pour pénétrer sur le sol alexandrin. Nous allons pouvoir
constater que le nouveau milieu où elle est trans-
portée fera subir à la Sagesse de nombreuses modifications dues exclusivement aux influences
nouvelles de la philosophie grecque et non plus
seulement au progrès naturel de son développement propre, tel qu'il se fût produit dans sa première patrie. L'ancienne doctrine des sages Hébreux, où la poésie l'emportait sur la réflexion, où
l'imagination se complaisait dans des descriptions
brillantes, sans souci apparent de mettre sous ses
fictions une réalité objective, idéalisant par des
personnifications hardies l'harmonie de la création de Iahvé, va tomber dans un cerveau façonné

par l'éducation grecque. C'est de cette rencontre
de la littérature hébraïque et de la pensée grecque
que naîtra toute la philosophie religieuse judéo-
alexandrine à laquelle appartient la Sapience de
Salomon (Σοφία Σαλωμών) d'une importance capi-
tale pour notre travail, car elle nous présente la
dernière étape franchie par la Sagesse divine à laquelle viendra se substituer bientôt le *logos* de
Philon d'abord, puis le *logos* de la théologie chrétienne ensuite ; un seul mot pour désigner deux
choses bien différentes[1].

La Sapience et la Philosophie grecque.

Avant d'aborder directement, comme nous
l'avons fait jusqu'ici, l'étude de la Sagesse, il nous
paraît indispensable, pour justifier nos affirma-
tions, de faire constater au moins dans ses traits
caractéristiques l'infiltration des idées grecques
dans la Sapience. Cela nous paraît d'autant plus
nécessaire que cette influence n'a guère été considérée comme un résultat définitif que par la critique moderne et a été même contestée jusqu'à
nos jours. Tel, est par exemple, l'abbé Biet qui,

1. Cf. Michel Nicolas, *op. cit.*, p. 198 et suivantes.

parlant de l'Ecclésiastique et de la Sapience, a
écrit ces lignes : « Pour le style et la couleur générale donnés à leurs œuvres, on ne peut le nier,
les auteurs inspirés ne sont pas entièrement af-
franchis des idées au milieu desquelles ils vi-
vaient. Le nom d'ambroisie, donné par l'auteur
de la Sagesse à la manne tombée du ciel, indique
la connaissance du langage profane. Plusieurs
traits, comme l'a remarqué don Calmet, rappellent
Platon et semblent venir de ce philosophe. Ces
rapports, qui s'arrêtent à la forme sans se commu-
niquer aux pensées elles-mêmes, sont pour nous
un nouveau sujet d'admiration. Malgré les solli-
citations de leurs concitoyens, d'une part; malgré
celles des philosophes païens qu'ils avaient sous
les yeux, de l'autre, les auteurs sacrés, même en
faisant usage des allégories, n'ont rien mêlé au
judaïsme qui pût en altérer la pureté primitive[1]. »

Certes, Pseudo-Salomon n'est pas seulement
un Alexandrin, c'est aussi et c'est surtout un Juif;
il n'est pas exclusivement élève des philosophes
grecs, pénétré de leurs idées, mais il est aussi et
surtout un disciple des rabbins, des docteurs de
la Loi, instruit dans la doctrine de Moïse et en
pratiquant les préceptes. Si l'abbé Biet avait dit

---

1. Abbé Biet, *École d'Alexandrie*, p. 195.

que l'auteur de la Sapience se rattache, non pas totalement, mais en grande partie, pour la plus grande partie, à la tradition hébraïque, rien n'eût semblé plus exact et plus juste. En effet, nous pouvons retrouver dans leur intégrité les principales doctrines de l'Ancien Testament, celles qui sont placées à la base même de la religion hébraïque. C'est ainsi, par exemple, que nous y rencontrons le monothéisme absolu « οὔτε γαρ Θέος ἐστι πλὴν σοῦ » (XII, 13); « tous les hommes qui n'ont point la connaissance de Dieu ne sont que vanité; ils n'ont pu comprendre par ces biens visibles l'Être souverain » (τὸν ὄντα XIII, 1); Dieu est tout puissant : « Tu fais voir ta puissance, lorsqu'on ne te croit pas souverainement puissant » (XII, 17); « Mais tu es le Dominateur puissant » (δεσπόζων ἰσχύος, de la force) : Il est omniprésent; « ... parce que Dieu sonde les reins (du médisant), pénètre son cœur et entend toutes ses paroles, car l'esprit du Seigneur remplit l'Univers; et comme il contient tout, il connaît tout ce qui se dit » (I, 67); « Il est créateur : Il a tout créé afin que tout subsiste éternellement par Lui » (I, 14); Il a créé l'homme à son image, « Car Dieu a créé l'homme pour l'incorruptibilité (ἐπ'ἀφθαρσία) et l'a fait pour être une image qui lui ressemblât » (II, 23); « Il n'a pas créé la mort » (I, 13, cf. Ézech. XXVIII, 11);

« Il est juste (XII, 15), et accorde la Sagesse à qui la lui demande avec prière » (VII, 15 et II, 21); « Il est juste et aime les hommes de bien » (IV, 10); « Il a compassion » (XI, 24, 25); « Il est jaloux : … parce que son oreille jalouse (ζηλώσεως, de jalousie) entend tout »; « Il châtie celui qui l'a offensé (XII, 1), et éprouve celui qu'il aime et l'instruit » (III, 5 et 6); Enfin, Il prend soin du peuple hébreu d'une façon absolument spéciale (XVI, 2): « Tu as traité favorablement ton peuple en lui donnant la nourriture délicieuse qu'il avait désirée, et en lui préparant des cailles comme viande d'un nouveau goût ». Pseudo-Salomon a également une horreur profonde pour l'idolâtrie et le polythéisme, et il reproduit avec autant de méprisante ironie les reproches d'Ésaïe, de Jérémie et des Psaumes[1], soit qu'il ait en vue le culte des forces naturelles... « mais ils se sont imaginé que le feu, le vent, ou l'air le plus subtil, ou la multitude des étoiles, ou l'abîme des eaux, ou le soleil et la lune étaient des dieux qui gouvernaient le monde » (XIII, 2); ou simplement le culte des idoles, « Mais ceux-là sont vraiment malheureux et n'ont que des espérances mortes, qui ont donné le nom de dieux aux ouvrages de la main des hommes, à l'or, à

---

1. Ésaïe XL, 18 et ss.; Jérémie X, 2; Ps. CXV.

l'argent, aux inventions de l'art, aux figures des animaux ou à une pierre vile, travaillée par une main antique » (XIII, 10).

On le voit, toutes ces doctrines et croyances sont entièrement partagées par tous les livres antérieurs à la Sapience. Mais la preuve la plus frappante qu'elle se rattache bien à la tradition hébraïque, ce sont les allusions nombreuses faites à son histoire, et dont Pseudo-Salomon raconte parfois des épisodes entiers; telles les merveilles opérées par la Sagesse depuis l'origine du monde en la personne d'Adam, de Noé, d'Abraham, de Jacob, de Joseph, de Moïse et des Israélites en général (chap. X); la conduite des Israélites dans le désert, le miracle du rocher frappé par Moïse et d'où jaillit une source d'eau pure, les plaies d'Égypte (XI); les bénédictions de Dieu sur Israël (XVI); les ténèbres de l'Égypte et l'épouvante de ses habitants en voyant leur pays plongé dans l'obscurité, la mort des premiers nés parmi les Égyptiens (XVIII); la colonne de feu qui conduisit les Israélites dans le désert, la plaie elle-même qui frappe les Hébreux, plaie du reste qui fut de courte durée à cause de la miséricorde de Dieu (XVIII); enfin les Égyptiens, engloutis dans la mer, avec une comparaison, un parallèle entre les jugements de Dieu sur Sodome et sur l'Égypte

— 48 —

(xix). On le voit par son contenu, notre ouvrage est
essentiellement d'inspiration hébraïque, c'est un
véritable résumé de l'histoire sainte, et il continue
bien dans son esprit et dans sa forme cette littérature didactique qui avait pris naissance sur le sol
épuisé du lyrisme primitif. L'auteur est imbu des
idées de la Bible qu'il connaît du reste parfaitement[1], et qu'il considère comme le livre inspiré,
le code religieux de sa nation. Nous avons, au
chapitre x de la Sapience, relevé une foule consi-
dérable de textes parallèles, que nous nous per-
mettons de transcrire ici[2] pour montrer que
l'auteur est bien un Juif, d'esprit et de cœur, pieux
et éclairé, nourri des anciens écrits sapientiaux,
et n'ayant nullement brisé, en apparence tout au
moins, avec les traditions de sa race, les ensei-
gnements des rabbins et la religion de ses ancêtres.

Et pourtant Pseudo-Salomon introduit dans la
théologie et dans les idées traditionnelles de l'hébraïsme pur une foule d'idées nouvelles; c'est

1. Mais qu'il ne cite jamais directement, tout en y faisant des allusions continues. L'auteur croit évidemment qu'il sera lu par les non-
Juifs, et il procède avec beaucoup de réserve. (Cf. Renan, *op. cit.*,
t. V, p. 327.)

2. Textes : ch. x, 2, cf. Gen. i, 26, 28; x, 3, Gen. iv, 5, 8; x, 4, cf.
Gen. vii, 24; x, 5, Gen. xi, 2; x, 6, Gen. xix, 17-22; x, 10, Gen. xviii,
5-10; x, 14, Gen. xli, 40; x, 15, cf. Exode vii; x, 17, Exode xiii, 21,
22; x, 18, Exode xiv, 22; x, 19, Exode xiv, 28; x, 20, Exode xv, 1.

l'entrée de la philosophie dans le champ de l'esprit hébreu. « Cette entrée est maintenant claire, évidente, triomphante[1]. »

A l'ancien attribut de la puissance, de la force redoutable, caractéristique de Iahvé, s'en ajoute un nouveau, d'origine essentiellement hellénique, celui de la beauté. « Car c'est l'auteur de toute beauté (κάλλους γενεσιάρχης) qui a donné l'être à toutes ces choses » (xiii, 3); à l'idée du gouvernement souvent arbitraire du monde est venue se substituer celle de la Providence (πρόνοια, xiv, 3; xvii, 2). Le Dieu des théophanies et des anthropomorphismes devient le Dieu inaccessible à la raison humaine; cette tendance déjà fortement marquée dans l'Ecclésiastique[2] s'accentue de plus en plus. Dieu, dont nous pouvons induire l'existence par la contemplation de l'univers, est caché à notre raison et n'est accessible que par l'intermédiaire de la Sagesse (cf. chap. ix, 1 ss.).

Pseudo-Salomon a pris à la philosophie platonicienne la préexistence de l'âme : « J'étais, dit-il, un enfant de bonne race; je possédais une âme excellente, ou plutôt, comme j'étais bon, je vins dans un corps sans tache » (viii, 19). « La même

1. Renan, *op. cit.*, t. V, p. 390.
2. Michel Nicolas, *op. cit.*, p. 53.

idée, ajoute Michel Nicolas, se retrouve peut-être dans un autre passage. Son corps, dit-il, se sculpta dans le ventre de sa mère[1]. Et l'âme? Sans doute il faut sous-entendre qu'elle descendit du ciel dans ce corps[2]. »

Il lui a emprunté également le dualisme; l'âme d'un côté, le corps de l'autre. L'âme est la partie élevée, noble; le corps appesantit l'âme, c'est une maison d'argile où elle est renfermée qui arrête le libre essor de ses facultés (IX, 15).

Tandis que les Hébreux considéraient une postérité nombreuse comme une bénédiction évidente de Iahvé, Pseudo-Salomon tranche avec ces principes séculaires légués par ces ancêtres, et proclame hautement que la virginité vaut mieux. « Heureuse la femme qui reste stérile, qui n'est point souillée, qui n'a point connu de liaisons impures. Elle sera récompensée au jour du jugement des âmes. Heureux l'homme qui a vécu comme un eunuque, sans commettre de transgression » (III, 13 et 14). C'est certainement là une des idées les plus étrangères à la conception ordinaire de la vie dans tout l'ancien hébraïsme.

1. Sap. VII, 1. — Michel Nicolas, *op. cit.*, p. 142.

2. Consulter d'une façon générale pour les parallèles de la Sapience le tableau fort ingénieux dressé par Paul Menzel et reproduit par M. Fromentin dans sa thèse, p. 31 à 37.

C'est une de celles qu'on est étonné de rencontrer même sous la plume d'un juif alexandrin, instruit, émancipé, mais comme nous l'avons montré, juif par sa personnalité morale et religieuse. Le problème angoissant du bonheur et de la vertu, successivement traité ou simplement agité par tous les auteurs antérieurs sans avoir reçu de solution satisfaisante va enfin être résolu par la croyance à une vie future. Déjà l'Ecclésiastique, au milieu des idées traditionnelles qu'il développe, laissait percer comme le vague pressentiment d'une autre vie, mais dans des termes indécis et flottants[1]. La Sapience, tout en affirmant les rétributions terrestres, porte ses regards plus haut vers les récompenses divines, l'âme du juste vivra éternellement, celle du méchant au contraire est vouée à la mort. « Dieu a créé l'homme pour l'immortalité. Les âmes des justes sont dans la main de Dieu et aucun tourment ne les touche. Aux yeux des insensés, ils paraissent morts; leur départ est estimé être un malheur, et leur séparation d'avec nous une calamité. Car si aux yeux des hommes, ils ont été affligés de peines, leur espérance a été entière dans l'immortalité. Les justes vivent éternellement, ils ont leur récom-

1. Ecclés. XLIV, 15.

pense dans le Seigneur et le Très Haut prend soin d'eux[1] » (ii, 23; iii, 1-4; v, 16). Il n'est pas jusqu'à la morale qui n'ait été modifiée, en théorie du moins, par la hiérarchie des vertus. Les stoïciens, on le sait, reconnaissaient quatre vertus cardinales : la prudence, la justice, la tempérance et le courage. C'est certainement en s'inspirant de cette idée que Pseudo-Salomon nous donne ces quatre vertus, et tout cela ne paraît pas certainement un produit du hasard : « Si quelqu'un aime la justice, les grandes vertus sont encore un ouvrage; c'est celle qui enseigne la tempérance (σωφροσύνη), la prudence (φρόνησις), la justice (δικαιοσύνη) et le courage (ἀνδρεία), qui sont les choses les plus utiles à l'homme dans sa vie » (viii, 7). Notons enfin, pour terminer ce rapide examen, quelques pensées que certainement encore notre auteur doit à la Grèce : « Notre pensée est une étincelle », ii, 3 (Héraclite). « Le sage est ami de Dieu », vii, 28 (Platon). « Votre vie est courte et triste », ii (Stoïciens). « Les hommes sont éprouvés par le malheur », iii, 6 (Stoïciens). « La Sagesse est le plus grand des biens », vii, 10 (Stoïciens), etc.[2]. Quant aux

---

1. Remarquons avec quelle clarté est exprimée ici la doctrine de l'immortalité conditionnelle.

2. Cf. Fromentin, *Essai sur la Sapience*, p. 54. Thèse 1891.

arguments tirés du langage et donnés encore par M. Fromentin comme des preuves convaincantes, je crois qu'ils sont d'une valeur en tout cas moindre que ceux tirés des idées. En effet, pensons-nous, la Sapience a été écrite dès le début en grec, car son auteur ne connaissait probablement pas d'autre langue[1]. Pseudo-Salomon a donc été obligé de se servir des expressions communes à tous les philosophes pour exprimer une pensée philosophique. Mais, de ce qu'il a employé quelques termes, ayant cours dans les Écoles et dont s'était servi Platon, quelle conclusion tirer, sinon qu'il a vécu dans ce milieu tout en conservant ses idées propres, une conception des choses bien à lui par l'influence primordiale de sa religion : analogie de forme, dirons-nous, d'où il serait téméraire de conclure en thèse générale à l'analogie de pensée : pour ce cas particulier, on aurait néanmoins quelque droit de le faire[2]. On voit donc, sans qu'il nous soit utile d'insister plus longuement, quelle influence pré-

1. Renan, *op. cit.*, t. V, p. 326.
2. M. Fromentin, *op. cit.*, p. 54, donne les suivants comme arguments tirés du langage : αὐτοσχεδίως ἐγεννήθημεν (II, 2) ; — πνεῦμα νοέρον, λεπτον, μονογενὲς (VII, 22) ; — ὕλη ἄμορφος (XI, 17) ; — ἀπαύγασμα φωτὸς ἀϊδίου (VII, 26) ; — ἀπόρροια (VII, 25) ; — διήκειν καὶ χωρεῖν (VII, 24) ; — πρόνοια (XIV, 3) ; — ἀγῶνα νικᾶν (IV, 2) ; — γένος ἀμβροσίας τροφῆς (XIX, 21, etc.).

pondérante a joué sur les idées de Pseudo--Salomon la littérature et la philosophie grecques. Il nous reste maintenant à voir d'une manière plus spéciale quelles modifications à reçu la doctrine de la Sagesse divine.

La Sagesse divine dans la Sapience.

Nous n'avons jusqu'à présent rencontré qu'une personnification poétique, plus ou moins hardie, plus ou moins clairement dessinée, suivant la hardiesse elle-même du poète. L'auteur de la Sapience ne nous fait-il pas franchir les limites de la pure fiction pour nous transporter sur le terrain de la réalité, ou du moins de la réalité conçue par lui comme telle? Nous n'hésitons pas à répondre affirmativement, et nous allons essayer de le montrer. Sans doute des versets tels que ceux-ci :

La Sagesse est pleine de lumière et ne se flétrit pas.
Ceux qui l'aiment la découvrent aisément,
Et ceux qui la cherchent la trouvent.
Elle prévient même ceux qui la désirent
Et elle se montre à eux la première[1].
. . . .

[1] vi, 13 et 14.

> Elle tourne elle-même de tous côtés pour chercher
>   ceux qui sont dignes d'elle;
> Elle se montre à eux agréablement dans ses voies
> Et elle va au devant d'eux dans sa Providence[1],

ne dépassent point la fantaisie poétique, et ce serait vraiment exagéré d'y voir quelque chose de plus; d'autant que les Proverbes avaient déjà affirmé la même chose, et étaient certainement allés aussi loin dans la personnification (cf., par exemple, Proverbes i, 20-22; viii, 2-4; viii, 34, ss.). De même encore au chapitre vii, 7 :

« C'est pourquoi j'ai désiré l'intelligence et elle m'a été donnée;

J'ai invoqué (le Seigneur) et l'esprit de Sagesse est venu en moi. »

De même aussi au même chapitre, verset 12 :

« Je me suis réjoui de tout cela; parce que cette Sagesse marchait devant moi[2]. »

On le voit, rien que nous n'ayons déjà rencontré ne se trouve dans ces passages.

Mais où Pseudo-Salomon dépasse la conception ordinaire de ses devanciers, c'est quand il affirme, par exemple, que dans la Sagesse est un esprit[3] intelligent, saint, unique, multiplié, subtil,

1. vi, 17.
2. ὅτι αὐτῶν ἡγεῖται σοφία.
3. Cf. chapitre vii, 22, 23.

disert, agile, sans tache, clair, doux, ami du bien,
pénétrant, libre (ἀκώλυτον), bienfaisant, aimant les
hommes, bon, stable, infaillible, calme, qui peut
tout, qui voit tout, qui renferme en soi tous les
esprits (καὶ διὰ πάντων χωροῦν πνευμάτων νοερῶν), qui est
intelligible, pur et subtil[1]. Et surtout les versets
suivants qui sont évidemment les plus importants :

Car la sagesse est plus active que toutes les choses
    les plus agissantes.
Elle atteint partout à cause de sa pureté,
Elle est la vapeur (ἀτμίς) de la puissance de Dieu
Et l'effluve pure (ἀπόρροια εἰλικρινής) du Tout-Puissant,
C'est pourquoi elle ne peut être susceptible de la
    moindre impureté ;
Car elle est l'éclat (ἀπαύγασμα) de la lumière éternelle
Et le miroir sans tache (ἔσοπτρον ἀκηλίδωτον) de la
    majesté de Dieu.
Et l'image de sa bonté
N'étant qu'une elle peut tout.
Et toujours immuable en elle-même, elle renouvelle
    tout,
Elle se répand parmi les nations dans les âmes saintes,
Et elle forme les amis de Dieu et les prophètes (vii, 24,
    25, 26, 27).

De telles paroles seraient concluantes pour nous,
et nous pourrions, dès maintenant, nous contenter

---

1. On a vu dans ce nombre de 21 attributs une intention manifeste
de l'auteur, 3 et 7 étant deux nombres sacrés et 21 étant leur mul-
tiple.

de ces preuves qui nous paraissent décisives, et corroborent cette opinion que nous avions avancée, à savoir qu'il s'agit bien ici d'une hypostase. Mais d'autres textes se présentent encore d'une clarté et d'une précision non moins grandes.

Au chapitre IX, nous lisons dans la prière de Salomon au verset 4 :

Donne-moi cette sagesse, assise auprès de toi dans
    ton trône; τὴν τῶν σῶν θρόνων παρεδρον Σοφίαν.
Cette sagesse qui converse avec Dieu (συμβίωσιν ἔχουσα);
    et que le Maître de tout a aimé (VIII, 3).
Avec toi est la Sagesse qui a vu tes œuvres
Et qui était présente quand tu fis le monde,
Et qui savait ce qui est agréable à tes yeux,
Et ce qui est droit selon tes commandements (IX, 9).
C'est elle qui conserva le père du monde, créé seul,
    formé le premier;
Elle qui le tira de son péché,
Et lui donna la force de gouverner toutes choses (X, 1, 2).

C'est elle enfin qui a dirigé le peuple d'Israël et tous ces grands hommes et tous ces prophètes qu'elle suscita afin qu'ils lui fussent des intermédiaires entre les autres hommes et elle-même, comme elle l'était pour son propre compte entre eux et Dieu.

« La Sagesse, dit Ernest Renan, comme l'entend notre auteur, est évidemment plus que la métaphore inoffensive dont les Proverbes et Sirac aiment déjà à se servir. C'est bien une hypos-

tase, une personne divine, un assesseur, un pa-
rèdre, une épouse, assistant Dieu dans ses œuvres
difficiles, gouvernant le monde avec lui. On créa
ainsi un intermédiaire dans l'abîme que le monothéisme creusait entre Dieu et le monde. La
Sophia est pour notre auteur ce que le Logos sera
pour Philon et la théologie chrétienne. Dépourvu,
faute de mythologie, de personnalités divines
distinctes les unes des autres, le monothéisme
n'avait, pour développer sa sécheresse, que ces
métaphores personnifiées. Ce fut l'un des procédés
les plus anciens de la théologie sémitique. Seul,
parmi les religions sémitiques, l'Islam a poussé
le puritanisme jusqu'à le blâmer en face, et faire
son schisme sur cette base[1].

Oui, c'est bien un demiurge que nous présente
Pseudo-Salomon ayant procédé à la création et à
l'organisation de l'Univers de concert avec le
Tout-Puissant, ou plutôt avec sa permission et
plus probablement son ordre. Comme nous l'avons
dit, le Dieu de Pseudo-Salomon n'est pas celui
de l'hébraïsme primitif; les apparitions, les con-
versations avec l'homme ne sont plus qu'un sou-
venir. Iahvé, le Dieu personnel, aux passions
humaines, passant des contrats avec Noé et

---

1. Renan, *op. cit.*, p. 328-329.

Moïse, luttant avec Jacob, est devenu le Dieu agnostique dont on peut sans doute contempler la puissance redoutable dans les spectacles effrayants de la nature, ou l'harmonie de la pensée dans l'harmonie qui règne dans les lois de l'Univers, mais dont il est impossible à l'homme de pénétrer l'essence, à cause de son infime petitesse et de la grandeur infinie de Dieu. Ne dirait-on pas plutôt le Dieu d'Aristote qui a confié le soin de la création à un demiurge, qui préside actuellement à sa direction et procède à son gouvernement matériel et moral. Disons, néanmoins, que, à l'encontre du demiurge de la philosophie grecque essentiellement métaphysique, celui de la Sapience est avant tout moral et religieux; s'il a créé le monde, son rôle actuel est de pénétrer les hommes, afin de les amener au bien, à Dieu lui-même.

M. de Pressensé, dans sa *Vie de Jésus*, pages 107, 108, tout en reconnaissant que le souffle qui anime ses longues exhortations (de la Sapience) vient plutôt de Platon que de Moïse, ne voit néanmoins dans la Sagesse qu' « un prototype divin, mais impersonnel, d'après lequel le monde a été modelé ». C'est une idée et non une personne; elle remplit toutes choses, elle traverse l'âme des saints, et se répand comme un fluide lumineux dans tout l'Univers. De toutes les images destinées à sa gloire on ne tirera rien de plus ». Il nous semble, au contraire, qu'on peut en tirer quelque chose de plus, et c'est ce que nous avons fait en essayant de justifier notre méthode et nos résultats; la distance qui séparait la personnification poétique, arrivée à son expression définitive avec le Siracide a été franchie. C'est vraiment à une personne que nous avons à faire dans la Sapience. La fiction serait décidément par trop hardie et outrepasserait les limites permises à la poésie elle-même; en suivant cette voie, il n'y aurait aucune raison pour ne pas considérer également toutes les figures divines de l'Ancien Testament : anges, démons, apparitions, etc., comme des images aussi. La question n'est pas en effet de savoir si l'on accepte pour soi toutes ces personnalités comme étant des réalités objectives, mais de savoir si l'auteur, si les auteurs sacrés les ont tenues pour telles, et nous n'hésitons pas à répondre par l'affirmative. L'auteur de la Sapience n'é-chapperait point à cette observation, et très certainement pour lui la Sagesse, est bien une personne divine, une hypostase; les idées grecques, dont il est pénétré, sa conception de Dieu elle-même, ses expressions enfin et son propre témoignage ne laissent percer aucun doute à ce sujet.

CONCLUSION

Après ce rapide examen de la Sagesse divine,
il ne nous reste plus qu'à donner sommairement
les conclusions auxquelles nous sommes parvenu. Avant de le faire, disons néanmoins
qu'elles seront nécessairement aussi particulières
que ce travail lui-même, portant exclusivement
sur une question très définie et très spéciale.
Mais pour donner ici des résultats généraux, il
eût fallu naturellement traiter aussi un sujet plus
vaste, se prêtant à de plus amples développements ; différentes raisons ne nous ont pas permis
de le faire. Il eût été par exemple du plus haut
intérêt de ne pas étudier seulement de la Sagesse
ce qui se rapporte à Dieu sous ses diverses mani-
festations, figures poétiques, prosopopées hébraïques, hypostase judéo-alexandrine, mais de
prendre aussi en considération la part qui revient
à l'homme : une étude comparée de ces deux

formes de la Sagesse n'eût pas été inutile, même dans le seul but d'accentuer davantage la distance qui les sépare et de les mettre respectivement en relief. Si, en tous cas, l'examen de la Sagesse humaine ne s'imposait pas absolument, car ce qui importe avant tout dans ce genre de travaux, c'est moins l'étude elle-même que les résultats auxquels on arrive sur la nature et les attributs du *Verbe,* moins les questions de détail que les conclusions sur la préexistence du Christ, et ses rapports, son identification, soit avec le *logos,* soit avec les autres personnifications que nous fournissent l'hébraïsme et le judaïsme. La *Parole*[1] de Iahvé ou d'Élohïm, empruntée au premier chapitre de la Genèse par les poètes hébreux et personnifiée par eux pour représenter la grandeur, la majesté et la toute-puissance de Dieu; le *Maleach* Iahvé[2], l'ange de l'Éternel, divin messager apportant sur la terre les ordres du ciel; intermédiaire que l'homme pouvait « contempler sans mourir », recevoir dans sa demeure comme le vieil Abraham le fit sous les chênes de Mamré; entrer en lutte avec lui comme Jacob à *Peniel*

1. Gen. xv, 1, 4; Ésaïe lv, 10, 11; xl, 8; Ps. cxix, 89, 105.
2. Gen. xvi; xviii, 1; xxx, 11; xxxii, 24, 33; xlviii, 15; Ex. iii, 2; xxiii, 20; Nomb. xx, 16; xxii, 1; Josué v, 13; vi, 2; Juges vi, 11, 24; Zach. iii, 1; Ésaïe, lxiii, 9; Mal. ii, 7, etc.

(face de Dieu); le Maleach Iahvé, qui retint le bras d'Abraham au moment du sacrifice d'Isaac, qui instruisit Moïse, guida le peuple par une colonne de nuée, apparut à Gédéon sous les chênes de Hophra et aux prophètes dans la sublime inspiration de leurs pensées, dans leurs rêves d'amour et de justice, dans leurs visions sombres ou radieuses suivant la fidélité du peuple qu'ils étaient chargés par Iahvé d'instruire et de diriger : tout autant de personnifications considérées par les Hébreux comme des entités, des hypostases, qu'il n'eût pas fallu passer sous silence. C'est une vue d'ensemble alors, une idée générale que nous aurions pu donner non seulement sur la théologie hébraïque, sa théodicée, ses idées sur la nature de ces êtres intermédiaires, qui nous paraissent difficilement conciliables avec un monothéisme pur, dont l'existence personnelle néanmoins est un fait dans l'histoire de l'esprit hébreu, mais encore on eut pénétré plus avant dans la psychologie de ces âmes, compris leurs croyances et leur foi, pensé avec leurs conceptions, vécu de leur vie.

Par la Sagesse, nous n'avons pu embrasser qu'une période relativement récente de l'hébraïsme, n'examiner que le genre didactique de sa littérature, et encore sous un point de vue absolument spécial; aussi, comme nous l'avons dit, nos conclusions seront-elles absolument particulières à notre travail, puisqu'elles ne seront que les résultats auxquels nous sommes parvenu dans cette étude. Nous dirons donc que la sagesse a pris naissance sur le sol palestinien, qu'elle a été pour la poésie didactique ce que la *Parole* ou le *Maleach* ont été pour la littérature historique et prophétique. Le livre de Job nous la présente indécise, à tel point qu'on a pu facilement à son sujet émettre les opinions les plus contraires; c'est ainsi que les uns ont prétendu que ce n'était nullement elle[1] que le poëte ait voulu mettre en scène, d'autres ont fait une exégèse absolument opposée et ont vu dans ce passage[2] une allusion claire, évidente au Messie préexistant. Avec les Proverbes et l'Ecclésiastique on rencontre la même diversité d'opinions : constatons simplement un nouveau progrès très accentué vers la personnification. Mais il ne s'agit toujours que d'une fiction poétique plus ou moins précise, plus ou moins développée suivant la hardiesse du poëte lui-même. Malgré tout, le génie hébreu, retenu sans doute par son monothéisme strict,

1. La Sagesse divine.
1. Job ix.

devenu plus spiritualiste sous l'influence de la réflexion que celui des premiers siècles de l'histoire d'Israël, ne fera pas le passage de la personnification à la personnalité, de la fiction à la réalité objective. Non, il nous faudra venir sur la terre alexandrine pour trouver vraiment une hypostase où, malgré quelques indécisions de la part de Pseudo-Salomon, le doute cependant n'est plus permis; il n'y a qu'à se laisser conduire par la méthode scientifique sans *a priori*, ni parti-pris pour arriver à ce résultat.

THÈSES

I

L'étude de la Sagesse, dans la littérature des
Hébreux et des Juifs, comprend deux séries de
recherches, l'une sur la Sagesse humaine, l'autre
sur la Sagesse divine.

II

Réduire ces deux formes de la Sagesse à une
seule, c'est méconnaître des distinctions très nettement établies, malgré quelques obscurités, par
les auteurs didactiques eux-mêmes.

III

La littérature didactique des Hébreux ne nous
offre que des fictions poétiques de la Sagesse
divine.

IV

L'influence de la philosophie grecque est manifeste dans la Sapience de Salomon.

V

C'est à cette influence qu'est dû le passage de
la personnification poétique à l'hypostase divine.

ÉPITHÈSES

I

Seule une étude approfondie de l'Ancien Testament permet de saisir le sens historique du Nouveau, car il n'y a pas entre les deux solution de continuité, mais développement d'un même esprit, non pas innovation ou révolution, mais réalisation. Jésus n'est pas venu abolir la Loi et les prophètes, mais les accomplir.

II

Toute théologie biblique doit avoir pour point de départ une critique sérieuse des documents; au seul point de vue chronologique, pour bien saisir le développement des doctrines, cette critique est absolument nécessaire.

III

Une bible dont les divers livres seraient classés suivant la date de composition serait d'une grande utilité pour les études théologiques.

IV

La théologie traditionnelle, parce qu'elle n'a pas suffisamment mis en lumière l'humanité de Jésus, a fait de lui une personnalité plus métaphysique que morale.

V

Jésus lui-même nous enseigne sa subordination au Père, seul créateur de toute vie. La confusion de leur personnalité respective, sans importance peut-être au point de vue de la piété simple, se heurte devant la raison à des difficultés insurmontables.

VI

Quand Jésus dit : « Moi et le Père nous sommes un » (Jean x, 30) et « Croyez que je suis dans mon Père et que le Père est en moi » (Jean xiv, 11), il parle d'une union morale, d'une communion spirituelle qu'il a seul réalisée d'une manière parfaite.

VII

Ce Christ ainsi conçu, Fils de Dieu par son origine, mais réellement homme par sa vie, n'est pas moins grand que celui de la théologie traditionnelle ; ses souffrances morales et physiques, son ignorance de certains événements futurs, ses prières constantes à Dieu, n'ont ainsi rien que de parfaitement naturel.

VIII

Le Christ modèle ne saurait être suffisant pour le chrétien. Le Christ, Fils de l'homme, propose un idéal ; le Christ, Fils de Dieu, donne la force de le réaliser.

IX

C'est une apparente nécessité d'ordre logique conduisant à une contradiction qui a amené certains esprits à sacrifier la divinité de Jésus au profit de son humanité.

X

On ne diminue pas la personne de Jésus en lui rendant son humanité; on ne diminue pas davantage Dieu en le croyant personnel et anthropomorphique; c'est même la seule conception compatible avec une piété saine et précise.

XI

Refuser à Dieu le pouvoir d'intervenir dans les phénomènes d'ordre spirituel ou physique, c'est rendre illusoire sa liberté.

XII

La croyance au miracle implique, à côté de l'activité générale de Dieu, une activité particulière.

Vu par le Président de la soutenance :

Montauban, le 11 mai 1900.

ALEXANDRE WESTPHAL.

Vu par le Doyen :

C. BRUSTON.

Vu et permis d'imprimer :

Toulouse, le 23 mai 1900.

POUR LE RECTEUR, PRÉSIDENT DU CONSEIL DE L'UNIVERSITÉ :

Le Doyen délégué,

LECLERC DU SABLON.

19

TABLE DES MATIÈRES

c — 6